EXPOSÉ RAPIDE

DES PERSÉCUTIONS

EXERCÉES

CONTRE LES CATHOLIQUES ARMENIENS

EN ORIENT,

PENDANT LES ANNÉES 1827 ET 1828.

Ov parérark marigaïnn azki,
Ouoghormetzarouk azki mio krisdonéi,
*O
r hanabaz darabi hantourjéli tchariatz*
Margann parparosatz.

O bienfaiteurs de l'humanité, prenez pitié
d'une nation chrétienne qui a sans cesse à
souffrir les maux les plus cruels de la part
des barbares,

EXPOSÉ RAPIDE

DES PERSÉCUTIONS

EXERCÉES EN ORIENT

CONTRE

LES CATHOLIQUES ARMÉNIENS.

Au moment où l'Europe venait défendre la cause du Christianisme opprimé en Grèce, éclata, à Constantinople, une persécution digne des siècles de barbarie contre les Catholiques arméniens; comme si la Porte eût voulu, en immolant des chrétiens, se venger de l'Europe chrétienne, dont la médiation, toute de bienfaisance et de justice, paraissait à ses yeux menacer l'islamisme d'une destruction prochaine; se venger surtout de la France, qui, la première, montra des sauveurs et des libérateurs à la Grèce expirante et captive, en accablant une nation dont la cause devait être encore plus chère à la France par l'entière conformité de ses dogmes et de ses principes. Si cette horrible persécution est restée presque inaperçue au milieu des grands événemens de l'Orient, c'est que la Porte, pour en dissimuler l'horreur, eut soin d'en présenter les victimes comme des sujets rebelles; mais on verra bientôt que la ruine des Arméniens catholiques fut résolue le jour de la conclusion du traité du 6 juillet; l'occasion favorable se présenta, le départ des ambassadeurs en fut le signal.

Avant de tracer, je ne dirai pas un tableau fidèle (tant d'horreurs sont impossibles à décrire), mais une légère esquisse de cette catastrophe, déchirons le voile qui a trop long-temps couvert les intrigues, les machinations secrètes qui l'ont préparée, en excitant la méfiance naturelle des Mahométans. Et, cependant fut-il jamais sujets plus soumis que les Catholiques arméniens? Fidèles jusqu'au dévouement, on vit ceux de l'Archipel, de la Servie et de l'Albanie, résister à l'insurrection des Grecs leurs compatriotes, voler sous les étendards de leur souverain le Grand-Seigneur, et s'exposer ainsi aux sanglantes réactions de la vengeance, plutôt que de trahir la cause de leur maître. Courageuse fidélité, intrépide dévouement, quelle devait être votre récompense? La proscription, la mort!

La richesse et la puissance que s'étaient acquises les Arméniens catholiques dans tout l'empire, l'influence qu'ils exerçaient dans la capitale, excitaient depuis long-temps la jalousie des Arméniens hérétiques, et cette jalousie croissait chaque jour avec le crédit de leurs adversaires; conseillés par l'envie, poussés plus encore par un naturel âpre et sauvage, ils ne cherchaient que l'occasion de les perdre. Sortis de l'Asie, les Arméniens hérétiques, en conservent les mœurs et les préjugés; ennemis naturels, par l'effet d'une profonde ignorance, de la religion romaine et de tout ce qui est européen, ils semblent liés par des habitudes innées au peuple musulman, et l'on voit encore aujourd'hui leurs coreligionnaires en Russie, malgré les soins empressés d'un gouvernement paternel, se refuser à toute civilisation, garder les costumes et les usages asiatiques, et préférer les honteuses ténèbres de l'ignorance au bienfait des lumières.

Si l'on reporte les yeux sur les Catholiques, quel spectacle diffé-

(3)

rent! Pressés par le besoin de s'instruire et de s'éclairer, ils tendent à la civilisation par tous les moyens que leur offrent leurs rapports avec les Européens, rapports que resserre encore une même religion. L'indigence, moins nombreuse chez eux, avait ses hôpitaux et ses caisses de bienfaisance; des écoles publiques s'ouvraient à la jeunesse studieuse, et le goût des sciences et des lettres commençait à régner chez les Catholiques; des livres destinés à tous les genres d'instruction, des traductions d'auteurs anciens et modernes, sortaient de leurs presses; un journal imprimé dans leur langue leur apprenait les événemens de l'Europe; les arts n'étaient point négligés; la musique européenne trouvait partout des admirateurs : tout, jusqu'aux costumes des femmes, était changé; les coutumes, les usages de l'Europe adoptés avec empressement. On eût dit un peuple nouveau qui s'élevait en Orient, et les Musulmans eux-mêmes le préféraient à tous les autres, comme le plus loyal, le plus intelligent, le plus habile dans les affaires.

Tant de prospérité ne pouvait se soutenir contre les fureurs de l'envie; la ruine d'une famille catholique des plus distinguées devait en être le terme : tombée dans la disgrâce du sultan, à l'aide des plus basses intrigues, cette famille perdit la surintendance de l'hôtel des monnaies, et de la joaillerie de la couronne, qui devint le prix de la délation, et transporta ainsi aux mains des hérétiques tout le crédit des catholiques.

Tel était l'état des affaires lorsqu'une circonstance vint encore l'aggraver. La Russie demandait à la Porte la reconnaissance officielle du Catholicos (Ephrem), résidant à Etchmiadzin, comme chef de l'église arménienne, avec le diplôme de l'investiture. Les hérétiques, ravis de pouvoir se faire un mérite de leur résistance, déclarèrent hautement que jamais ils ne reconnaîtraient pour leur patriarche un homme converti au catholicisme avec son clergé, un homme entièrement dévoué aux Russes; protestant qu'ils aimaient

1.

mieux être massacrés en masse par ordre du Grand-Seigneur, plutôt que d'être contraints à devenir tributaires de la Russie.

Cependant *Galib Pacha*, grand visir, et *Seida-Effendi*, ministre des affaires étrangères, qui soutenaient les Catholiques de tout leur pouvoir, étaient les premières victimes qu'il fallait immoler; Galib fut destitué après huit mois de visirat, et exilé; Seida, présenté aux yeux du Grand-Seigneur comme un ministre qui, par sa faiblesse et sa condescendance envers les puissances européennes, compromettait la dignité de l'empire, ne tarda pas à être disgracié et même à mourir empoisonné.

Pertew-Effendi et Husny-Bey les avaient remplacés au timon des affaires. Créatures des Arméniens hérétiques, ils se disposaient à servir leur vengeance. Pour mieux en assurer les moyens, ils ne cessaient d'irriter la haine du Grand-Seigneur contre les Catholiques, déjà trop enflammée par l'intervention des trois puissances signataires du traité du 6 juillet en faveur des Grecs. Ces ministres ne manquaient pas de persuader au Sultan que les Catholiques arméniens, unis de religion aux Européens, leur servaient d'espions; ennemis du gouvernement turc, livraient le secret de ses ressources et de sa faiblesse, secrets dont ils se trouvaient parfaitement instruits par leurs rapports avec les grands de l'État. Il faut détruire ces ennemis intérieurs, répétaient-ils sans cesse; sans cela, point d'espoir de salut.

La marche toujours plus inquiétante des affaires donnait un nouveau poids à ces insinuations perfides, et les calomnies du parti anticatholique prévalurent, surtout à la suite du discours de M. le comte Guilleminot, dans une conférence avec le Reis-Effendi, au sujet des Catholiques.

Dès ce moment, le Grand-Seigneur ne songea plus qu'à satisfaire sa vengeance; un recensement général fut ordonné; les Catholiques furent notés séparément, par ordre exprès, ainsi que leurs habitations; on demanda de nouveau aux patriarches grec et arménien

la garantie de leurs nationaux, et le refus du dernier pour les Catholiques servit de prétexte au gouvernement pour se croire justifié
aux yeux des nations, en agissant avec la dernière rigueur contre
les Catholiques, regardés comme de véritables traîtres.

Le 9 octobre 1827, on enleva les chefs des deux principales familles Tinguir-Oglou, pour les pendre devant leurs maisons. Mais
une telle cruauté, sans aucune preuve de crime, eût dévoilé trop
clairement les intentions sanguinaires du gouvernement ; il fallait
encore dissimuler : ces deux personnages furent exilés avec toute leur
famille. Dès lors, il fut aisé de voir que ce n'était que le prélude de
nouvelles persécutions.

Comme on est généralement mal instruit en Europe de la véritable situation des affaires de la Turquie, on a vanté avec trop
d'admiration la fermeté et l'énergie du caractère du Sultan, qui
préférait succomber avec une noble fierté à la honte de céder à
l'intervention étrangère ; mais cette résistance, cette opiniâtreté à
repousser les plus sages propositions des puissances, était plutôt le
fruit des intrigues du parti persécuteur des Catholiques, qui sentait
bien que sa proie allait lui échapper, si les négociations prenaient
une tournure favorable. Il est évident aujourd'hui que les efforts
de *Husny-Bey* et de *Pertew Reiss-Effendi* portèrent le Sultan à
rejeter toute intervention ; et il est également probable que, sans de
basses intrigues, *Galib-Pacha* et *Seida-Effendi* eussent continué
à diriger les affaires. Amis de l'ordre et de la paix, ces deux ministres eussent prévenu la rupture par un arrangement avec les puissances ; les ambassadeurs chrétiens n'eussent pas quitté Constantinople, le sang n'eût pas coulé, et d'immenses sacrifices eussent été
ainsi épargnés à l'Europe (1).

―――――――――――――――――――――――――――――

(1) En Turquie, l'intrigue et l'argent sont les seuls ressorts du gouvernement. Les Grecs ont dirigé exclusivement les affaires de l'empire jusqu'à

La flotte ottomane venait d'être détruite à Navarin. A cette terrible nouvelle, le Sultan, transporté de fureur, quoique sous l'apparence du calme, ordonne le massacre général de tous les Européens à Constantinople : le jour était pris, l'heure arrêtée ; des milliers de chrétiens allaient périr sans les efforts et le courage admirable de *Hussein-Pacha*, séraskier à l'armée, et de *Kusrew-Pacha*, seraskier à Constantinople, qui conjurèrent encore une fois l'orage.

La présence des ambassadeurs ne retenait plus des hommes avides de carnage. Libre dans ses vengeances, le Sultan voulait que tous les prêtres catholiques fussent massacrés dans toute l'étendue de l'empire; que tout riche catholique, du premier et du second ordre, éprouvât le même sort à Constantinople, et que le reste des Catholiques fût déporté au fond de l'Asie : l'aveugle fureur avait dicté cet ordre, la prudence le révoqua. On sentit qu'une telle mesure révolterait l'Europe entière. Si des cris d'indignation avaient retenti dans toute la chrétienté à la nouvelle de l'exécution du patriarche, des prélats et des principaux des Grecs, alors même qu'on pouvait opposer pour justification la révolte de la Grèce, que serait-ce, dans les circonstances présentes, où l'on ne pouvait reprocher aux victimes que le Catholicisme, reproche qui eût été une insulte pour les nations chrétiennes, pour la France catholique ? On ne chercha donc plus qu'à donner à d'horribles projets une nuance d'économie politique, et le nom de catholique disparut des firmans lancés contre les Catholiques. D'après ce plan, l'affaire fut confiée au patriarche

---

l'époque de leur insurrection; les Juifs les remplacèrent du temps de Halet; et aujourd'hui ce sont les Arméniens. Un banquier, en Turquie, gouverne le ministre qu'il sert; c'est l'or, dont les Arméniens hérétiques ont rempli les mains avides de quelques personnages du gouvernement, qui a prévalu sur toutes les considérations de sagesse et de politique qui auraient dû régler la conduite des affaires.

arménien, avec ordre de ne laisser aucun sujet de plainte aux puissances.

Le 8 janvier 1828, huit banquiers des principales maisons sont saisis et exilés à Angora, le scellé mis sur leur comptoir ; le 9, seize personnes de tout état exilées dans les lieux les plus malsains de l'Asie, maltraitées, dépouillées par leurs conducteurs (les kawass), huissiers du grand visir, cannibales endurcis dans le massacre des janissaires : les malheureux Catholiques, ainsi persécutés pour un crime qu'ils ignoraient, succombaient les uns dans le chemin, les autres en arrivant au lieu de leur exil. Mais, hélas, ce n'était encore qu'un essai de ce que pouvait la barbarie musulmane !

Le 10, le patriarche arménien lut devant les catholiques et les hérétiques, réunis en assemblée générale, le firman qui portait, sous les peines les plus sévères, que tout Arménien d'Angora, né dans cette ville ou à Constantinople de familles établies dans la capitale depuis cent ans, eût à la quitter sous douze jours, pour se rendre à Angora avec toute sa famille (on sait que les Angoriotes sont catholiques, à l'exception d'un très petit nombre d'hérétiques). Pour donner à cette mesure un air d'impartialité, on l'étendit à tous ; mais, avertis à temps qu'elle ne les atteignait que pour la forme, les hérétiques restèrent tranquilles dans leurs foyers ; tandis que les malheureux Catholiques, et même leurs parents et alliés, furent obligés d'abandonner précipitamment leurs demeures ; et dans quel état, grand dieu ! sans pouvoir régler leurs affaires, se faire payer de leurs débiteurs ; contraints, pour satisfaire d'impitoyables créanciers, de vendre ou plutôt de donner à des prix cent fois moindres que la valeur des choses, ce qu'ils possédaient, heureux encore d'en trouver quelque prix ; forcés enfin d'abandonner tout ce qu'ils ne pouvaient vendre.

Qui pourrait retracer tant d'horreurs, qui pourrait peindre la misère qui dut accabler une population entière, au milieu des rigueurs de l'hiver? Des personnes de tout sexe, de tout âge, ressource , sans vêtemens nécessaires ; de jeunes filles , élevées dans la plus grande modestie , selon l'antique usage de la nation , exposées tout à coup, sous les habits d'un autre sexe, aux railleries insultantes de leurs ennemis, obligées de parcourir ainsi près de cent lieues , à cheval ou à pied , par des chemins impraticables dans cette saison , même pour les courriers. Des vieillards centenaires, courbés sous le poids des ans , se traînaient au milieu des rues implorant la commisération des passants. Malheureux vieillards, votre âge n'est point une excuse; femmes infortunées, vous ne verrez pas le fruit que vous portez, il faut partir, il faut mourir; vos larmes, vos prières sont inutiles, il faut partir , sans attendre le retour du printemps. Spectacle déchirant, qui aurait ému le cœur d'un tigre : Grecs , Juifs, Turcs même , tous frémissaient d'indignation et de pitié ; les Arméniens hérétiques seuls insultaient au malheur de leurs frères avec une joie barbare.

Ainsi s'avançait vers son tombeau , prêt à être enseveli sous les neiges, ce peuple de proscrits. Voué à une mort certaine, il n'avait songé à emporter que des outils d'enterrement. On vit des mères éplorées creuser la tombe de leurs enfants chéris, des maris celle de leurs épouses, des fils celle de leurs pères infirmes , qui venaient d'expirer de fatigue et de souffrance (1).

Cependant on s'efforçait de présenter ces actes de barbarie sous un autre jour. Cette mesure n'aurait été prise que pour diminuer la trop grande population de la capitale , et augmenter celle des provinces , que les vexations des pachas venaient de dévaster entièrement. Mais il était facile de voir qu'elle n'était que l'effet d'une vengeance atroce.

____

(1) Les malheureux proscrits, au moment de leur départ pour l'exil, furent obligés de payer des droits aux douanes pour leurs effets et leurs habits ; même les pauvres , pour les haillons de la misère.

(9)

En vain les ulémas (les lettrés) protestaient contre une telle injustice. Si la loi, disaient-ils, défend de convertir par force à l'islamisme qui que ce soit, comment permettre à une secte étrangère d'en persécuter une autre? Nous, pour qui les croyances de toutes les sectes sont également fausses, reconnaître par là que l'une d'elles est véritable ! Si les Catholiques sont traîtres et parjures, qu'ils soient jugés; s'ils sont convaincus de crimes, qu'ils soient punis du dernier supplice : mais immoler toute une population pour sa croyance, c'est violer les préceptes de l'alcoran. Tel était le langage de la raison; mais le régime des janissaires était passé, l'autorité des ulémas sans influence; l'arbitraire seul, et l'arbitraire le plus cruel, présidait partout.

Cependant ces mesures étaient encore trop lentes au gré de la fureur, pour remplir le but desiré, l'anéantissement des Catholiques. Ainsi, malgré la crainte de donner de nouveaux sujets de mécontentement aux puissances européennes, on se décida à lever le masque; et, le 12 janvier, le médecin du sérail, Arménien catholique, fut exilé avec toute sa famille, sur son refus d'abjurer le catholicisme.

Le 22 du même mois, dernier jour du départ des Angoriotes, le patriarche assemble les principaux Catholiques de Constantinople, et leur donne lecture du firman impérial.

Tout Catholique devait se soumettre au patriarche ; quitter, dans l'espace de quinze jours, sa demeure de Péra ou de Galata, pour aller habiter quatre ou cinq villages ou quartiers de la ville désignés, déjà remplis d'Arméniens hérétiques. Ordre exprès de se présenter d'abord au patriarche, de faire inscrire son nom et celui de toutes les personnes de sa famille ; mesure qui servit puissamment, comme on le verra bientôt, à enrichir les hérétiques des dépouilles des malheureux Catholiques. A cet ordre du gouvernement le patriarche ajouta celui d'abjurer la religion catholique, d'embrasser la sienne (celle de l'hérésie) ; et, pour preuve de

soumission , de se confesser à ses prêtres (hérétiques) ; promet-
tant , à cette condition , de se rendre garant pour eux auprès du
divan. Sans une prompte obéissance , point de salut. Voyez ,
disait le patriarche, voyez le sort des Angoriotes ; un sort plus
cruel encore vous attend.

En vain les Catholiques invoquaient leur fidélité constante au
gouvernement ; leur conduite sans reproche ne pouvait mériter un
traitement si dur. En vain ils conjuraient le patriarche de leur
servir d'interprète auprès du divan , de l'assurer de leur dévouement , qui était pour eux un devoir d'après les préceptes de l'Évan-
gile , qu'ils suivaient et qu'ils avaient toujours fidèlement suivi.
Prières , supplications , larmes , tout fut inutile. Le patriarche fut
inexorable , et leur signifia avec colère que tels étaient les ordres
du Sultan ; qu'il ne leur restait que le parti de l'obéissance , et qu'ils
eussent à lui remettre sans délai la liste des prêtres catholiques qui
se trouvaient dans la capitale.

Il fallut donc s'empresser de quitter les maisons de Péra et de
Galata , de crainte de prêter de nouvelles armes à leurs ennemis
en paraissant résister aux ordres du gouvernement.

Tant de précipitation , une si grande multitude à loger dans des
quartiers étroits et déjà si peuplés , devaient naturellement augmenter le prix des loyers ; la haine et la cupidité des hérétiques en
décuplèrent la valeur. Les Grecs , il est vrai , offraient leurs maisons à des prix modiques et même sans intérêt aux pauvres ; mais
le patriarche , sourd à la voix de l'humanité , refusa aux Catholiques la permission de les habiter , dans l'intention de les réduire
à la dernière misère. En effet , bijoux , argenterie , meubles , vêtemens même , les malheureux Catholiques vendirent tout à vil prix ;
et les pauvres en sont aujourd'hui à coucher par terre , sans lit ,
sans couvertures , exposés aux rigueurs de l'hiver.

Le 2 février , les Catholiques furent convoqués de nouveau chez
le patriarche , pour entendre le troisième firman , qui portait ,

entre autres dispositions , que tous les prêtres (sans daigner leur donner le nom de Catholiques) sortissent de l'empire dans le plus bref délai. Lecture faite, le patriarche ajouta : Si quelque prêtre se cache ou se met sous quelque protection , vous en répondrez.

Quelques jours après , défense fut signifiée de louer les maisons évacuées, vu l'intention du gouvernement d'y loger des troupes , ou de les vendre aux Turcs.

Les jours suivants , les prêtres furent embarqués , à l'exception de cinq , déportés par terre sous la conduite des agents du gouvernement , comme chefs de perturbateurs, avec ordre de sortir de l'empire ottoman. Quant aux prêtres angoriotes, quelques jours après leur arrivée à Angora avec leurs compatriotes, ils furent incarcérés et conduits à *Sathaliels* (en Asie) , où ils sont retenus jusqu'à présent, malgré l'ordre exprès du firman.

Aussitôt après le départ des prêtres, le 9 février , on saisit plusieurs personnes, que l'on exila au fond de l'Asie ; conduites par les kavass du grand visir, elles furent maltraitées, dépouillées par ces brigands du peu d'argent qui devait les soutenir dans l'exil. Le lendemain, une personne considérable , traduite devant le grand visir, fut saisie d'une telle frayeur, en entendant prononcer son arrêt de mort , qu'elle perdit tout à coup l'usage de la raison , et, bientôt après , celui de la parole. Ces arrestations continuèrent jusqu'au 22. Les Catholiques exilés , les uns avec leurs familles , les autres seuls , éprouvaient toujours les mêmes tourments de la part des kavass, à qui les dépouilles de ces malheureuses victimes étaient abandonnées pour prix d'anciens services.

Fortes de leur innocence, une foule de femmes présentèrent une supplique au Grand-Seigneur pour le conjurer d'avoir pitié de leur nation ; mais, loin d'adoucir leur sort, cette démarche ne fit que le rendre encore plus dur : ces infortunées ne sortirent de prison que pour être conduites en exil.

Le 7 mars, une nouvelle convocation eut lieu chez le patriarche, qui lut le quatrième ordre. Si l'on avait purgé la capitale des prêtres, portait le firman, il restait des religieuses ni moins intrigantes ni moins dangereuses. En conséquence, l'ordre suprême voulait qu'elles fussent exilées à *Bandourma* et à *Michalitz,* deux petits bourgs sur la côte d'Asie ; que personne ne restât à Péra ni à Galata ; que les propriétaires remissent les clefs de leurs maisons, avec les titres de propriété, à l'agent du gouvernement chargé de la vente de ces maisons.

Les jours suivants, les pauvres, que l'indigence avait empêchés de sortir de leurs maisons, s'en virent chassés sans pitié par les commissaires du gouvernement et du patriarche ; les prières, les larmes de ces malheureux, la vue de leur misère, rien ne put fléchir ces hommes au cœur d'airain. Qui dira toutes les cruautés entassées sur ces malheureux ? qui peindra leur désespoir ? Privés de toute ressource, ils invoquaient la mort ; mais la mort eût été pour eux un bienfait : ils ne devaient l'acheter qu'au prix des plus longues souffrances.

Au milieu d'une ville aussi opulente que Constantinople, on vit des familles entières réduites à se nourrir d'herbe comme dans un désert (1). Un exemple suffira pour prouver combien était grande l'animosité des hérétiques, avec quelle joie barbare ils contemplaient l'infortune de leurs frères. Une pauvre femme catholique, réfugiée dans un grenier avec sa famille, était depuis plusieurs jours sans nourriture ; pressée par la faim, elle envoie un de ses petits enfants supplier le cuisinier d'un banquier (Arménien hérétique), de lui donner les restes qu'il jetait aux chiens. J'aime mieux les donner aux chiens, répondit le cuisinier, qu'à vous autres, chiens de catholiques ; et l'enfant s'en alla en fondant en larmes.

---

(1) Plusieurs pères de famille, faute de pouvoir acquitter leurs dettes, virent arracher leurs filles de leurs bras par d'impitoyables créanciers.

Le 9 mars, l'ordre barbare de déportation contre les religieuses s'exécute, scène atroce qui fait frémir l'humanité. On force les maisons; on en chasse à coups de bâton les malades, les infirmes, des femmes de 90 ans; incapables de se soutenir, on les transporte sur le dos des portefaix; on saisit de chastes vierges chez leurs parents : elles iront grossir le nombre des exilés.

Mais les circonstances peuvent changer : la perfidie a tout prévu; elle veut que les Catholiques ne puissent jamais se relever de leur ruine, elle poursuit avec acharnement la vente de leurs maisons, elle les donne au prix des loyers annuels qu'elles produisaient. Que de familles ainsi réduites à la dernière misère! Que de veuves, que d'orphelins ont vu s'évanouir l'espérance de leur avenir par la perte d'une maison dont le produit était leur unique ressource !

Les arrestations se multiplièrent jusqu'au 14 mars. Les lieux d'exil étaient toujours les endroits les plus inhabitables et les plus malsains.

Le 21, défense fut publiée, dans les églises grecques, de cacher des Catholiques sous quelque prétexte que ce fût; défense égale aux employés du gouvernement d'entretenir avec eux aucune relation.

Des firmans sont expédiés en Asie, pour ordonner de traiter les Catholiques avec la dernière rigueur, d'expulser leurs prêtres, etc.

Le 19, eut lieu une assemblée extraordinaire dans l'église patriarcale, où se réunirent plus de trois mille ames; là, le patriarche présent avec tout son clergé fit porter, avec la cérémonie d'usage, le dernier édit impérial, accompagné d'une sanction autographe du Sultan. Il le reçut debout, et, après l'avoir baisé respectueusement, le fit lire en chaire. Cet édit n'était qu'une compilation des précédents; il accordait plein pouvoir au patriarche pour faire exécuter les ordres du Grand-Seigneur, réduire les rebelles (les Catholiques) sous le joug de l'obéissance, les exiler, les châtier. Il portait en outre que le

Sultan ne reconnaissait dans son empire qu'une seule nation, qu'une seule secte arménienne (1).

Après la lecture du firman le patriarche harangua l'assemblée pendant plus de deux heures, pour engager les Catholiques à renoncer à leur religion et à s'unir à son église, seul moyen de salut qui leur restât, et termina son discours par de grands éloges et des prières ardentes pour le Sultan et son gouvernement.

Le patriarche grec eut aussi ordre d'agir avec la dernière sévérité contre les Alépins, d'origine grecque, résidant à Constantinople. Et si l'on finit par se contenter de leur enjoindre de quitter Péra, d'aller s'établir dans un village lointain, et de s'abstenir de toute relation avec les Européens, les Alépins ne durent tant de douceur qu'à l'humanité du patriarche grec, qui, après plusieurs tentatives inutiles pour les porter à abjurer le Catholicisme, prévoyant les tristes conséquences d'une persécution, trouva le moyen d'arranger les choses.

Le 6 avril, jour de Pâques, selon le rit oriental, on arrache à ses foyers une famille tout entière ; les jours suivants, plusieurs familles d'exilés sont également enlevées et déportées en Asie.

Depuis le 6 avril jusqu'au 17 mai, la persécution allait toujours croissant : c'était au milieu de la nuit que, par un raffinement de

---

(1) Une circonstance mérite d'être rapportée : Aussitôt après la lecture du firman, le bruit se répandit que beaucoup de phrases avaient été supprimées ou adoucies. En effet, quelques jours avant, on avait assemblé le peuple pour entendre le firman ; mais, après l'avoir fait attendre long-temps, on le renvoya sous des prétextes frivoles : précisément ces jours-là il était arrivé, de la part d'une puissance étrangère, des dépêches où il était question de l'affaire des Catholiques. On pensa généralement que c'était la raison qui avait fait ajourner la lecture du firman, et en avait ensuite fait adoucir les termes et les idées qui auraient pu provoquer trop ouvertement les puissances européennes, en présentant sous son véritable jour le but de la persécution.

barbarie, on enlevait pour l'exil un père à ses enfans, des enfans à leur malheureux père. Cependant, pour donner à cette persécution évidemment religieuse la couleur d'une mesure d'économie politique aux yeux de l'Europe, le gouvernement turc ordonna à tous les Grecs et Arméniens, non domiciliés à Constantinople, de rejoindre leur ville natale. Mais cet ordre, qui n'atteignit qu'un petit nombre d'ouvriers et d'autres personnes du peuple, servit puissamment à éloigner de la capitale une partie des Catholiques, relégués jusqu'alors dans les villages voisins.

Le 27, le bannissement s'étendit aux prêtres latins, d'origine arménienne.

On commençait déjà à recueillir les fruits amers de cette mesure ; les émigrations continuaient : on voulut les arrêter ; elles se multiplièrent, bien qu'au milieu des plus grands dangers. Deux familles qui s'étaient embarquées pour se rendre à la mer Noire, furent saisies par la trahison d'un matelot, déportées à *Dimetoka* (bourg près d'Andrinople), et jetées en prison.

Les rapides progrès de l'émigration, le tort immense qui résultait d'une mesure aussi impolitique que cruelle, la crainte de provoquer de nouveau la colère de l'Europe, et surtout l'impression que fit la lettre de M. le comte Guilleminot au reis-effendi, en date du 17 juin 1828, dans laquelle se trouvait une allusion aux Catholiques (sans les nommer, il est vrai), mais en termes énergiques ; tout conseillait la modération : l'exil, la persécution, cessèrent jusqu'au 17 août.

D'ailleurs, le mécontentement était à son comble. Les ulémas et d'autres personnages du parti pacifique n'avaient cessé de répéter que cette persécution devait empêcher l'arrangement des affaires de la Grèce, en révoltant les puissances ; qu'une des principales clauses du traité de paix serait l'affaire des Catholiques. Le danger des circonstances fit enfin écouter leurs conseils ; on suspendit la vente des maisons des Alépins, et le 20 septembre on leur

permit de rentrer dans leurs foyers. La même indulgence allait s'é-
tendre à tous les Catholiques, quand la nouvelle de la prise de
Patras et de l'évacuation de cette place par les Turcs, contraints
d'abandonner leurs maisons et leurs biens, ralluma la haine du
gouvernement, qui se crut ainsi autorisé à poursuivre, avec un
nouvel acharnement, la vente des maisons. Mais la crainte de les
voir un jour restituées par les puissances aux anciens propriétaires,
rendait cette vente difficile; il fallut que la modicité des prix, in-
férieurs même à une année de location, engageât les Musulmans les
plus pauvres à emprunter quelques centaines de piastres et à les
risquer, pour devenir propriétaires d'une maison commode. On permit même aux Arméniens hérétiques, en contravention au premier
ordre, d'acheter les maisons qui se trouvaient dans le voisinage de
leurs églises; ce qu'ils firent, mais sous des noms supposés.

Un nouveau recensement fut entrepris, mais ne put être terminé.

Cependant on cherchait toujours quelque titre de justification aux
yeux de l'Europe. Rien de mieux que de noircir les Catholiques du
crime de haute trahison. Que n'invente pas la calomnie? Le bruit se
répandit que les Catholiques relégués à Angora s'étaient procuré
des armes pour se soulever à l'approche des Russes. Les perquisi-
tions les plus actives chez un peuple déjà ruiné, et presque anéanti
par la confiscation et la déportation, avaient prouvé le contraire;
n'importe, le gouvernement n'en persistait pas moins à sévir contre
ces malheureux, si la bienveillance d'un grand personnage, gou-
verneur de la province dont la ville d'Angora fait partie, n'eût
obtenu du Grand-Seigneur que la peine fût commuée en une amende
de 500,000 piastres.

Tant de persécutions n'avaient pu ébranler le courage des Catholiques : ils mourront tous, s'il le faut, dans les souffrances et l'exil;
mais jamais ils n'abjureront la foi de leurs pères. Loin d'être vain-
cus par ce noble dévouement, les hérétiques frémissaient de rage;
ils appellent à leurs secours l'artifice et la ruse, ils publient que les

Catholiques ont tout leur espoir dans l'appui des puissances étrangères : la prise d'Akalzyk est pour eux un nouveau moyen de calomnie; à les entendre, les Russes, à leur entrée dans cette ville,
auraient passé au fil de l'épée tous les Arméniens, à cause de leur
résistance opiniâtre, et accueilli très favorablement les Catholiques,
pour avoir tendu les bras aux vainqueurs.

Grâce à l'active protection du grand personnage déjà cité,
l'homme le plus éclairé de l'empire, qui jouit, à juste titre, de
l'estime générale et des faveurs du Grand-Seigneur; grâce à l'humanité de cet homme de bien, la cruelle envie se voyait entravée
dans sa marche, les malheureux Catholiques commençaient à res-
pirer. Désormais, plus d'arrestations, plus d'exil : feinte douceur,
nouveau piége tendu à la crédulité du peuple. Les plus simples re-
commencèrent à fréquenter les églises latines; c'en fut assez pour
irriter le sultan contre les Catholiques, en les accusant du crime de
désobéissance. On déporta tous ceux qui se trouvaient dans la
capitale et ses environs, une partie à Brousse, l'autre à Nicée,
dont le terrain marécageux et malsain devait engloutir en peu de
jours le reste de cette nation infortunée.

Qu'il est doux, dans des jours de barbarie, de voir apparaître la
bienfaisante humanité! A peine instruit de cet ordre cruel, le grand
de l'empire dont on a déjà parlé accourut à la Porte. Si nous vou-
lons, s'écria-t-il, irriter encore davantage les puissances étrangères,
nous avons un moyen plus efficace, c'est de commencer par faire
pendre les prisonniers russes, massacrer tous les Européens et les
Chrétiens, et passer ensuite en Syrie.

Enfin, l'enlèvement d'une femme à Péra fit plus de bruit que
l'exil de milliers de personnes. Cette femme jouissait de la protection la plus spéciale de la sultane, sœur de l'empereur régnant; et
la haine des hérétiques s'attachait surtout aux personnes en rapport
avec les grands de l'empire : enlevée de sa maison, traînée de prison
en prison pour la soustraire aux recherches de sa bienfaitrice, cette

malheureuse trouva le moyen, le jour même de sa déportation, d'a-
vertir la sultane, qui, entrant en fureur, envoya l'ordre à la Porte de
la mettre de suite en liberté, et de la renvoyer à son sérail. Cette
protection éclatante fit beaucoup pour les Catholiques.

Tel est l'abrégé de cette effroyable persécution, dont il eût été
trop long, trop déchirant, de retracer toutes les horreurs exercées
contre les Catholiques dans toute l'étendue de l'empire. Qu'on juge,
par ce qui s'est passé dans la capitale, même sous les yeux des re-
présentans de l'Europe; qu'on juge des traitemens inouïs prodigués
aux malheureux par les gouverneurs et les pachas des provinces,
qui cherchent avec empressement des prétextes pour tourmenter
et dépouiller leurs sujets; avec quelle cruauté n'ont-ils pas dû persécuter les Catholiques? Si les égards dus à la présence des ministres
des puissances chrétiennes n'ont pu modérer la haine et la fureur à
Constantinople, quel frein pouvait retenir la cupidité et la vengeance des satrapes, dans des pays lointains, où nulle autorité
protectrice ne s'élève pour la défense de l'opprimé?

Tout prouve, dans cet exposé, d'ailleurs si rapide, et si faible à
côté de la réalité, que cette persécution, en même temps politique et
religieuse, n'a été qu'une conséquence de l'affaire de la Grèce.

Si les hautes puissances alliées, par un noble sentiment d'humanité, ont fait tant d'efforts et de sacrifices pour la Grèce, ne peut-
on pas attendre de leur générosité la plus facile des médiations
en faveur d'une population victime de la vengeance impuissante
contre les défenseurs du christianisme.

Aveugle sur ses propres intérêts, sourd aux conseils de la prudence, le gouvernement turc ne sent pas les coups qu'il se porte;
il a lui-même considérablement diminué la capitation par la mort
d'une grande partie des exilés et l'état de misère où le reste se
trouve réduit; il s'est privé volontairement d'immenses ressources
qu'il retirait annuellement de leur commerce et de leur industrie,
sans compter plus de 150 millions de perte essuyée par les Catho-

liques à Constantinople. Il a cru affaiblir l'influence des Européens par l'anéantissement du parti catholique; dès lors, nulle considération n'a pu l'arrêter; il a tout sacrifié à ses projets de vengeance, et tellement oublié ses intérêts, qu'il a laissé aux particuliers, et surtout aux Arméniens hérétiques, le soin de profiter des dépouilles des Catholiques.

Puissent ces scènes de deuil ne plus affliger jamais l'humanité! puisse le gouvernement turc, instruit par de terribles leçons, sentir que la modération désormais est la condition nécessaire de sa durée et de sa prospérité; que le plus sûr moyen de s'attacher ses sujets, c'est d'accorder à tous une sage et égale protection. En effet, si les sujets de l'empire ottoman, de différentes nations, ont pour chacune de leur croyance un chef particulier sous le nom de patriarche, reconnu par la Porte; si les juifs mêmes, si méprisés en Turquie, ont leur chef qui ne relève que du gouvernement; pourquoi les Catholiques arméniens, si nombreux d'ailleurs, qui jouissaient, avant cette catastrophe, d'une grande considération, généralement plus estimés que les hérétiques, n'auraient-ils pas un chef de leur croyance, reconnu par la Porte, qui ne dépendît que d'elle pour gouverner leur nation, constitué garant de sa fidélité?

Puisque les Catholiques ne peuvent fréquenter les églises latines sans crime aux yeux du gouvernement, qu'il leur en cède quelques-unes où ils puissent célébrer le service divin d'après leur rit. Si les lois de l'empire ne permettent pas d'en fonder de nouvelles, serait-il injuste de demander aux Arméniens quelques-unes de leurs nombreuses églises, en faveur de leurs frères; à ces mêmes Arméniens qui dépouillèrent avec tant d'inhumanité les Catholiques, et les assujettirent encore, tout épuisés qu'ils étaient par de longs malheurs, à de fortes contributions pour la construction de leurs églises, qu'ils ne fréquentaient pas? D'ailleurs, cela n'est pas sans exemple, car toutes les églises arméniennes sont enlevées aux Grecs, entr'autres celle donnée depuis peu aux Arméniens , sous le prétexte qu'ils en avaient besoin, qui vient d'être rebâtie (1).

Si le gouvernement turc ne veut pas que les Catholiques habitent Péra et Galata, est-ce une raison pour vendre leurs maisons, par force , à vil prix , et leur enlever ainsi leur unique ressource? Mais, en vendant ces maisons aux Turcs, l'intention manifeste du gouvernement était de rendre vaine toute intervention des puissances étrangères à cet égard, en alléguant que propriété turque ne pouvait pas devenir celle d'un chrétien; cependant, d'après la décision (fetwa) de leurs lois, elle peut bien redevenir propriété d'un raya ou sujet chrétien.

Au moment où l'Europe s'occupe avec tant de sollicitude d'assurer à la Grèce les bienfaits d'une paix durable, de délivrer pour toujours le christianisme du joug de l'oppression, comment oublierait-elle une population si cruellement persécutée, à la suite des événements de la Grèce, une population victime de son attachement au christianisme? Non, les puissances européennes ne laisseront point imparfait le grand œuvre qu'elles ont si glorieusement entrepris; elles ne souffriront pas qu'il y ait encore des chrétiens captifs au milieu des chrétiens libres, car elles ont conquis la liberté pour tous.

Peuple infortuné, rassurez-vous; vos vœux seront exaucés. Grand autrefois parmi les nations, aujourd'hui courbé sous le joug de l'étranger , vous acceptez votre sort avec résignation ; vous ne demandez point à l'Europe qu'elle fasse aucun sacrifice pour reconquérir votre indépendance politique; vous implorez sa médiation pour obtenir un acte de justice et de réparation. Rassurez-vous; rassemblez les tristes débris de vos familles dispersées dans l'exil.

---

(1) Les Catholiques arméniens avaient , jusqu'à l'époque de la persécution, des églises particulières dans plusieurs villes de l'Asie , comme à Trébisonde , Akalzyk , Pirkinik , Mouche , etc.

vos maisons vous seront rendues. Vous invoquez l'intervention de l'Europe pour n'être plus retranché de la loi commune, rassurez-vous. Vous demandez pour votre culte la liberté accordée aux autres cultes, quelques églises pour l'exercer; vous demandez qu'il vous soit permis d'avoir un patriarche de votre nation, de votre religion, investi des mêmes pouvoirs que les patriarches grec et arménien; quels progrès en effet ne feriez-vous pas alors dans la carrière de la civilisation, si, comprimé sous un chef ennemi de votre religion, vous avez déjà fait tant d'efforts pour y parvenir?

Peuple chrétien, peuple éminemment religieux, redoublez vos prières auprès du Dieu tout-puissant, qui dispose comme il lui plaît le cœur des princes et des peuples; espérez en sa miséricorde; espérez en l'humanité de l'Europe; espérez en la générosité du fils de saint Louis, du roi de France, le défenseur des opprimés, le protecteur de tous les malheureux.

Votre voix captive n'osait s'élever pour dénoncer vos infortunes; puisse, toute faible qu'elle est, celle d'un Français instruit de vos malheurs, les publier partout, persuadé que les faire connaître c'est vous attirer des libérateurs!

PARIS,

De l'Imprimerie de J. GRATIOT, rue du Foin Saint-Jacques,
Maison de la Reine Blanche.
1830.